LA DECLARACIÓN UNIVERSAL DE DERECHOS HUMANOS

El compromiso por la dignidad
y la justicia para todos

Por Benjamin Romain Parmentier

Traducido por Laura Bernal Martín

Historia | en50MINUTOS.es

¡CONVIÉRTASE EN UN GENIO DE LA HISTORIA!

LA DECLARACIÓN UNIVERSAL DE DERECHOS HUMANOS   1

CONTEXTO POLÍTICO, SOCIAL Y ECONÓMICO   3

El siglo XIX: un mundo cambiante

Los estragos de la guerra

La Organización de las Naciones Unidas

ACTORES PRINCIPALES   10

Eleanor Roosevelt

René Cassin

LA HISTORIA DE LOS DERECHOS HUMANOS   15

Inglaterra, precursora de los derechos humanos

La época de las declaraciones

La lenta adquisición de derechos

Una nueva esperanza: la ONU y la universalización de los derechos

La libertad en 30 artículos: la Declaración Universal de Derechos Humanos

REPERCUSIONES   31

EN RESUMEN   36

EL TEXTO DE LA DECLARACIÓN UNIVERSAL DE DERECHOS HUMANOS   39

PARA IR MÁS ALLÁ   51

LA DECLARACIÓN UNIVERSAL DE DERECHOS HUMANOS

- **¿Cuándo?** La noche del 10 de diciembre de 1948, durante la 183.ª sesión de la Asamblea General de la Organización de las Naciones Unidas (ONU).
- **¿Dónde?** En el Palacio de Chaillot, en París.
- **¿Contexto?** El periodo posterior a la Segunda Guerra Mundial y la creación de la ONU.
- **¿Principales protagonistas?**
  - Eleanor Roosevelt, presidenta del Comité de Redacción de la Declaración y primera dama de los Estados Unidos (1884-1962).
  - René Cassin, miembro de la Comisión de Derechos Humanos y jurista francés (1887-1976).
- **¿Repercusiones?** La creación progresiva de un corpus jurídico internacional, regional y nacional, cuyo objetivo es que se respeten los derechos humanos y las libertades fundamentales.

El 10 de diciembre de 1948, la Asamblea General de las Naciones Unidas promulga la Declaración Universal de Derechos Humanos. Este texto, que tiene validez internacional, posee un increíble valor simbólico en un mundo que acaba de salir de los horrores de la Segunda Guerra Mundial (1939-1945). Reconoce a cada individuo, por el simple hecho de su condición humana, un conjunto de derechos y de libertades fundamentales consideradas como inalienables y hace que todos los hombres sean iguales entre ellos, independientemente de su nacionalidad, su religión, su profesión o su etnia. La Declaración, constituida por 30 artículos, pretende ser una verdadera defensa contra la opresión y la tiranía.

No obstante el camino hacia el reconocimiento de estos derechos es largo y está lleno de obstáculos, porque en un mundo en el que la ley del más fuerte a menudo prevalece sobre la dignidad humana, los derechos humanos no se dan por sentado. Ignorados por los monarcas absolutistas, aplastados por los colonizadores y la exacerbada búsqueda de riqueza, y prácticamente aniquilados por la barbarie de los dictadores, los derechos humanos son el fruto de una incansable conquista a lo largo de los siglos que le cuesta la vida a miles de personas.

Hasta el siglo XX, frente a las atrocidades de los totalitarismos, como el exterminio programado de millones de hombres y mujeres en los campos de concentración, las naciones de todo el mundo no se dan cuenta de que es necesario garantizar formalmente una serie de derechos comunes a todos los seres humanos. La ONU es la encargada de esta misión y crea en 1946 un Comité cuya misión es redactar una declaración de alcance universal. Se necesitan dos años para finalizar este trabajo destinado a reconocer, ni más ni menos, la igualdad de todos los seres humanos del planeta.

CONTEXTO POLÍTICO, SOCIAL Y ECONÓMICO

EL SIGLO XIX: UN MUNDO CAMBIANTE

Los derechos humanos son una conquista diaria que experimenta importantes avances a partir de finales del siglo XVIII. Son muchos los filósofos del Siglo de las Luces que luchan contra la arbitrariedad estatal, y la Revolución francesa de 1789, así como la enunciación de los primeros derechos fundamentales, marcan el punto culminante de su combate. Sin embargo, la lucha por el reconocimiento de los derechos humanos dista mucho de terminar en una Europa que se dispone a conocer nuevas desigualdades en el siglo XIX.

Tras profundos cambios políticos, le toca el turno a la economía europea. Esta sufre importantes transformaciones: en el espacio de algunas décadas, los distintos países del continente atraviesan la Primera Revolución Industrial del hierro, del carbón y de la máquina de vapor (1830-1870) que, más allá del boom económico que conlleva, modifica ostensiblemente el modo de vida de miles de hombres y mujeres. Estos abandonan el medio rural y acuden a las numerosas fábricas que surgen en las ciudades para buscar trabajo. Pero el trabajo no es sinónimo de prosperidad para una población europea que se duplica en apenas 50 años como consecuencia del crecimiento económico. En este nuevo mundo, dominado por el capitalismo y las ganancias, la riqueza se concentra en manos de unos pocos hombres, mientras que los que trabajan duramente día a día viven en condiciones deplorables. En este contexto nace una nueva clase social que se encuentra en las antípodas de la alta burguesía: el proletariado, cuyas reivindicaciones son encarnadas por el socialismo.

Más allá de estas transformaciones internas, el despegue económico y demográfico del Viejo Continente le obliga a buscar continuamente recursos alimentarios y materias primas que ya no es capaz de producir. La obligación de obtener estos recursos, así como la necesidad de conseguir nuevos mercados para vender la producción, llevan ahora a las naciones europeas a una nueva oleada de colonialismo e imperialismo. África y Asia caen en manos de Europa como consecuencia de las exploraciones. En 1884, la Conferencia de Berlín ratifica oficialmente las nuevas fronteras coloniales, dejando campo libre a una incesante explotación de las riquezas y de los pueblos sometidos por las naciones europeas, sin tener en cuenta cualquier noción de libertad.

LOS ESTRAGOS DE LA GUERRA

La incesante búsqueda de lucro, además de tener repercusiones nefastas en las condiciones de vida de la mayor parte de la población, acaba por sembrar la discordia entre los distintos países. Europa se ve empujada al borde de la guerra debido a rivalidades económicas y expansionistas, a juegos de alianzas y a la intensificación de los nacionalismos. El 28 de junio de 1914, el asesinato en Sarajevo del archiduque Francisco Fernando (1863-1914), heredero al trono de Austria, es la gota que colma el vaso. Este incidente aislado en los Balcanes, que es consecuencia de las alianzas entre

Estados (la Triple Alianza y la Triple Entente), sume a toda Europa en el caos.

Asesinato del archiduque Francisco Fernando.

Sin embargo, en 1914 todo el mundo cree que la guerra será corta. Se equivocan. Atrapados en un conflicto en el que nadie logra superar a su adversario, los ejércitos beligerantes se sumen durante cuatro años en una guerra de trincheras que tiene consecuencias dramáticas. Millones de hombres transformados en carne de cañón se enfrentan al horror que supone la aparición de nuevas armas cada vez más crueles (lanzallamas y gas mostaza). En el seno de cada país, además de una asfixia económica que ahoga a los civiles en la miseria, las libertades públicas se ven fuertemente reducidas por miedo al espionaje. Cuando la Primera Guerra Mundial llega a su fin el 11 de noviembre de 1918, las víctimas del conflicto se cuentan entre los nueve y los diez millones.

Ante la crueldad de la guerra, los vencedores esperan que esta sea la definitiva. Con todo, el Tratado de Versalles de 1919 y sus sanciones estigmatizan y humillan a la derrotada Alemania, y hacen que madure la semilla de un ardiente deseo de venganza. Fruto de los rencores del pasado, así como de las consecuencias socioeconómicas de la crisis de 1929, nacen movimientos extremistas como el fascismo, el nazismo y el estalinismo. El 1 de septiembre de 1939, la Alemania nazi de Adolf Hitler (Führer del Tercer Reich, 1889-1945) sumerge de nuevo al mundo en una guerra sin cuartel. Pero a los horrores de la guerra se le suma un racismo extremo contra ciertas comunidades: se acusa a los judíos, a los homosexuales, a los gitanos y a muchos otros grupos de todos los males de Alemania, y se les somete a una continua persecución, hasta llegar al exterminio total en las cámaras de gas de los campos de concentración. El final de la Segunda Guerra Mundial y de sus atrocidades, que se cobran más de 40 millones de víctimas, entre las que se encuentran 6 millones de judíos, llevan a que se quiera acabar definitivamente con los conflictos mediante una paz duradera que garantice los derechos humanos.

Prisioneros judíos fotografiados durante la liberación del campo de Buchenwald, el 16 de abril de 1945.

LA ORGANIZACIÓN DE LAS NACIONES UNIDAS

Nada más firmarse el Tratado de Versalles de 1919, los países vencedores habían intentado formar una organización internacional encargada de regular las relaciones entre los Estados y de garantizar la seguridad colectiva. No obstante, la Sociedad de Naciones (SDN), que entra en vigor en 1920, no posee los medios suficientes para intervenir en caso de conflicto y ni siquiera ha podido evitar el estallido de la Segunda Guerra Mundial. Sin embargo, el fracaso de la SDN sirve de lección para los futuros fundadores de la Organización de las Naciones Unidas a partir de 1941.

En cuanto la guerra termina, los Aliados ya están pensando en crear una nueva organización internacional que pueda mantener la paz entre los pueblos. Los primeros en enunciar los futuros principios de esta nueva cooperación no son otros que Winston Churchill (primer ministro británico, 1874-1965) y Franklin Roosevelt (presidente estadounidense, 1882-1945) en la Carta del Atlántico del 14 de agosto de 1941. A continuación se ahonda en el proyecto y se completa con varias reuniones sucesivas en las que también participan la URSS y China (Conferencia de Moscú en 1943; Conferencia de Dumbarton Oaks en 1944; Conferencia de Yalta en 1945). La Conferencia de San Francisco, que se inicia el 25 de abril de 1945, cierra el proceso. El 26 de junio, los 50 Estados fundadores —a los que se sumará Polonia unos días más tarde— firman la Carta de la ONU y, el 24 de octubre, esta entra en vigor, poniendo así fin a la SDN, cuya disolución tiene lugar el 31 de julio de 1947.

Al contrario de lo que sucedía con la SDN, la ONU se dota de una fuerza armada (los Cascos Azules) y de un poder de sanción que le permite cumplir con eficacia su objetivo principal: mantener la paz. Además, está formada por una Asamblea General que reúne a todos los países miembros, por un Consejo de Seguridad compuesto por cinco miembros permanentes (los Estados Unidos, la URSS, Francia, Reino Unido y China) y por diez Estados no permanentes, por una Secretaría General, por un Consejo Económico y Social, por una Corte Internacional de Justicia y, finalmente, por organismos auxiliares entre los que destacan la OMS, la Unesco y Unicef.

Hasta el día de hoy, la ONU puede presumir de haber logrado garantizar la paz mundial en términos generales. Con todo, este no siempre es el caso cuando se trata de conflictos más regionalizados en los que los intereses entre las diferentes naciones bloquean a menudo cualquier actuación por parte de la organización, como durante la Guerra Fría (1945-1990) que enfrentó a los Estados Unidos y a la URSS. Pero en el periodo inmediatamente posterior a la Segunda Guerra Mundial, las preocupaciones de la ONU se dirigen sobre todo al reconocimiento de las libertades fundamentales a las que todos tenemos derecho. Este trabajo de varios meses de duración desemboca en una nueva esperanza: la Declaración Universal de Derechos Humanos.

ACTORES PRINCIPALES

Aunque aquí solo presentamos a dos importantes contribuidores a la Declaración Universal de Derechos Humanos, no hay que olvidar que la iniciativa es de toda la comunidad internacional. Además, las ideas que se reflejan en ella se deben en gran medida a numerosos filósofos e intelectuales, como John Locke (filósofo inglés, 1632-1704) o Jean-Jacques Rousseau (filósofo francés, 1712-1778), que se suceden desde la época de la Ilustración. Esta declaración también es la suya.

ELEANOR ROOSEVELT

Fotografía de Eleanor Roosevelt de 1933.

Hija de Elliot y de Anne Roosevelt, Eleanor Roosevelt nace el 11 de octubre de 1884 en Nueva York. Es además la sobrina de Théodore Roosevelt (1858-1919), presidente de los Estados Unidos de 1901 a 1909. Su infancia está marcada por el fallecimiento primero de su madre en 1892 y, después, dos años más tarde, de su padre. Con solo diez años, se queda huérfana. Entonces, su abuela se hace cargo de su educación y la envía a una reputada escuela de Londres, donde desarrolla un evidente interés por las causas sociales.

De regreso a Nueva York, conoce a un primo lejano, Franklin Roosevelt, con el que se casa en 1905. Participa activamente en la sociedad, al igual que su marido, Eleanor dedica una gran parte de su tiempo a labores educativas y sociales. Durante la Primera Guerra Mundial, llega a entrar en el servicio público al trabajar para la Cruz Roja. Sin embargo, su vida cambia radicalmente en 1933, cuando su marido se convierte en presidente de los Estados Unidos.

Eleanor Roosevelt no quiere quedarse a la sombra de su marido, como suele ocurrir. Como primera dama, no duda en colaborar con el presidente y en aconsejarle sobre importantes asuntos económicos e internacionales. Así pues, participa activamente en la instauración del *New Deal*, la política intervencionista implantada para luchar contra las consecuencias de la crisis de 1929. Asimismo, se interesa por la condición de las mujeres, por la suerte de la población negra, por las relaciones entre los Estados Unidos y la URSS, y por la entrada en guerra de su país en 1941.

En 1945, tras la muerte de su marido, Eleanor Roosevelt piensa en primera instancia que su vida pública ha acabado, pero esto dista mucho de ser el caso. El presidente Harry Truman (1884-1972) la nombra representante de los Estados Unidos en la Asamblea General de la ONU y en el Consejo Económico y Social. Se preocupa mucho por el respeto de la dignidad humana, y llega de forma natural a la presidencia de la Comisión de Derechos Humanos, de 1946 a 1951, encargado de la elaboración de una declaración de alcance universal. La antigua primera dama preside los trabajos y los debates, y presenta la Declaración Universal de Derechos Humanos en una sesión plenaria de la Asamblea General el 10 de diciembre de 1948, un trabajo que considera ser el más importante de su vida.

A continuación, Eleanor Roosevelt prosigue con su papel de representante en la ONU hasta 1953. Aunque se retira de la vida pública, el presidente John Fitzgerald Kennedy (1917-1963) le pide en 1961 que presida la Comisión presidencial sobre la situación de la mujer. Lo hace durante menos de un año, y fallece de cáncer el 7 de noviembre de 1962 en Nueva York. Seis años más tarde, recibe a título póstumo el Premio de Derechos Humanos de las Naciones Unidas.

RENÉ CASSIN

René Cassin es el redactor principal de la Declaración. Este jurista y juez francés nace en Bayona en el seno de una familia judía el 5 de octubre de 1887. Licenciado en derecho por la Universidad de Aix-en-Provence en 1908, continúa sus estudios y se convierte en doctor en derecho en la facultad de París y, más adelante, en 1914, en miembro de un colegio de abogados. Cuando estalla la guerra, René Cassin se incorpora al ejército como soldado raso. No puede librarse de los horrores del conflicto. Gravemente herido por disparos de metralleta, queda marcado para siempre por la Gran Guerra, lo que le lleva a fundar la Unión Federal de Antiguos Combatientes y Víctimas de Guerra.

Una vez terminado el conflicto, René Cassin retoma sus actividades. Enseña esencialmente derecho en varias universidades francesas pero, sobre todo, cabe destacar también que representa a su país durante 18 años en la SDN. En junio de 1940, ante el imparable avance de las tropas alemanas de Hitler, el jurista decide unirse al general Charles de Gaulle (hombre de Estado francés, 1890-1970) en Londres, y se convierte en su consejero jurídico con vistas a organizar la Resistencia y a preparar la legislación francesa de posguerra.

Vicepresidente y después presidente del Consejo de Estado de la Liberación de 1944 a 1960, se implica activamente en los debates internacionales y participa en la fundación de la Unesco. En 1946, es elegido representante de Francia en la Comisión de Derechos Humanos y entra en el Comité de Redacción de la futura Declaración. De esta forma, René Cassin se convierte en un actor clave en los debates de la Comisión, y redacta la mayoría de los artículos del texto presentado en 1948. A continuación, continúa su carrera política convirtiéndose en miembro de la Corte Europea de Derechos Humanos de 1959 a 1965 y, más tarde, en su presidente entre 1965 y 1968. Sus importantes labores en la materia, así como el conjunto de sus acciones a favor de las libertades fundamentales le llevan a ganar el Premio Nobel de la Paz en 1968, gracias al que funda el Instituto

Internacional de Derechos Humanos. Este mensajero de la paz fallece el día 20 de febrero de 1976 en París a los 88 años. Desde entonces, su cuerpo descansa en el Panteón.

LA HISTORIA DE LOS DERECHOS HUMANOS

INGLATERRA, PRECURSORA DE LOS DERECHOS HUMANOS

Los Derechos Humanos y la Declaración Universal de 1948 no son el fruto de unas cuantas personas reunidas tras la Segunda Guerra Mundial, más bien al contrario: cuentan con una larga historia que se extiende a lo largo de varios siglos. Sin embargo, sigue siendo difícil ponerle fecha de nacimiento a estas libertades, sobre todo porque la propia concepción de los derechos humanos procede de una lenta evolución y porque diversas opiniones se oponen a propósito de eventuales primicias aquí y allá: el Cilindro de Ciro, los Diez Mandamientos, la filosofía grecorromana, etc.

El Cilindro de Ciro

El Cilindro de Ciro, descubierto en 1879 durante las excavaciones realizadas en el emplazamiento arqueológico de la antigua Babilonia, es un documento escrito en forma cuneiforme sobre un cilindro de arcilla, y data del año 539 a. C. Se realizó bajo petición del emperador persa Ciro II el Grande (c. 556-530 a. C.) después de que su ejército tomara Babilonia. Deseando probablemente ganarse los favores de la recién conquistada población, cabe destacar que en el documento decreta la libertad de los esclavos y la libertad de culto en su imperio. Así pues, algunos consideran que este cilindro es el primer escrito que atestigua derechos humanos.

Sin embargo, es en la Inglaterra del siglo XIII donde aparecen las primeras verdaderas reivindicaciones a favor de las libertades que hoy en día consideramos derechos humanos. Con una monarquía dirigida por la dinastía de los Plantagenet, Inglaterra sufre a finales del siglo XII y principios del XIII numerosos fracasos militares contra el rey de Francia, Felipe II Augusto (1165-1223). Estas derrotas, atribuidas al rey Juan sin Tierra (1167-1216), unidas a sus excesos financieros, provocan la rebelión de la nobleza. En junio de 1215, los barones, que se niegan a ofrecer ayuda financiera al rey sin recibir una compensación, logran imponerle la Carta Magna (*Magna Carta*). Este documento marca un gran avance, puesto que se enfrenta a la arbitrariedad real y sienta las bases de un régimen parlamentario. Uno de los puntos más importantes de la Carta Magna es la instauración de una especie de *habeas corpus* que impide toda encarcelación arbitraria sin juicio.

Copia de la Carta Magna.

Pero esta carta, si bien tiene el mérito de existir, beneficia antes que nadie a la nobleza, y no al conjunto de la población. La lucha contra la arbitrariedad monárquica, por tanto, dista mucho de terminar, y habrá que esperar varios siglos para que se reconozcan los derechos naturales. Es de nuevo en Inglaterra, más adelantada que el resto de Europa, donde nace un corpus de textos legislativos en el siglo XVII que pretende garantizarle al pueblo inglés un cierto número de derechos. La legislación inglesa incorpora poco a poco la Petición de Derechos (1628), que afirma los poderes del Parlamento ante el rey, el Acta de Habeas Corpus (1679), que reafirma definitivamente la garantía de un proceso judicial legal para los acusados, y sobre todo la *Bill of Rights* (1689).

Este último documento tiene una importancia capital en la génesis de los Derechos Humanos, ya que pone irremediablemente fin al absolutismo de los monarcas ingleses. Inglaterra está entonces en plena Revolución Gloriosa (1688-1689). Sin verter una gota de sangre, derroca a Jacobo II (1633-1701) para situar en el trono a la reina María II (1662-1694) y a su marido, el rey Guillermo III (1650-1702). Sin embargo, antes de entronizarlos, el Parlamento redacta e impone a los futuros monarcas una declaración de derechos que establece su supremacía por encima del poder real y una separación factual de los poderes. En 1689, Inglaterra se convierte en una monarquía constitucional en un Estado de derecho.

LA ÉPOCA DE LAS DECLARACIONES

Aunque cuenta con unos derechos logrados con gran esfuerzo, Inglaterra evita ofrecérselos a sus colonias americanas, lo que tendrá consecuencias. En el siglo XVIII, la guerra de los Siete Años (1756-1763) afecta gravemente a las finanzas británicas, incluso si Inglaterra sale victoriosa de este conflicto con Francia. En ese momento, los ingleses deciden intensificar su exclusividad comercial en las colonias y aumentar las tasas de ciertos productos, como los sellos o el té, sin consultar previamente a los colonos. Estos últimos se oponen a tales medidas e invocan la *Bill of Rights*, señalando sobre todo su derecho a rechazar cualquier tasa no consentida por los representantes del pueblo. Pero ningún colono ocupa un escaño en el Parlamento de Londres. El asunto se convierte en una cuestión de principios más que económica, y el eslogan «*No taxation without representation*» («No hay tributación sin representación») se extiende rápidamente por las colonias.

Por su parte, Inglaterra se niega a ceder, de modo que las tensiones acaban por degenerar en conflictos armados, a semejanza del célebre Motín del té de 1773. Al no poder obtener los derechos que desean a través de la diplomacia, los colonos deciden ganarse la independencia por la fuerza. En abril de 1775 comienza la guerra de la Independencia de los Estados Unidos, que desembocará *in fine* en el nacimiento de los Estados Unidos en 1783. Mientras tanto, los Padres Fundadores redactan un documento que marca un punto culminante en la historia de los derechos humanos: la Declaración de Independencia del 4 de julio de 1776 redactada por Thomas Jefferson (hombre de Estado estadounidense, 1743-1826). Este texto, dedicado a los derechos naturales, está influido por las reflexiones de John Locke y por la filosofía de la Ilustración, y hace de la libertad y de la búsqueda de la felicidad uno de los ejes centrales contra la tiranía. Asimismo, afirma por primera vez la igualdad entre los hombres, el derecho a la vida y el derecho a la insurrección en caso de opresión. En 1787, la Constitución de Estados Unidos y, sobre todo, sus enmiendas, continúan con la elaboración de los derechos al garantizar la libertad de culto, de expresión, de prensa, de reunión y de petición. Pero estos textos también tienen unos límites. Así pues, la igualdad prometida entre los hombres solo se aplica a los blancos y no a las otras etnias, que siguen sometidas a la esclavitud.

La Declaración de Independencia, cuadro de John Trumbull, 1817-1819.

De la misma forma que los derechos ingleses se difunden por el continente americano, las ideas de la revolución americana también se extienden. El marqués de La Fayette (hombre político y militar francés, 1757-1834) y miles de soldados franceses que habían ayudado a los colonos americanos durante la guerra de la Independencia se impregnan de esta forma de las libertades instauradas en América y las llevan consigo a la Francia absolutista del Antiguo Régimen, que no funciona desde hace ya varios años. Una situación financiera catastrófica, la deuda e incluso la escasez alimentaria fuerzan al rey Luis XVI (1745-1793) a convocar los Estados Generales el 5 de mayo de 1789 para obtener un nuevo impuesto. El Tercer Estado, que representa el 96 % de la población, rechaza el estatus privilegiado de los otros dos estamentos, se autoproclama Asamblea Constituyente y, el 20 de junio y según el principio de soberanía nacional, promete ofrecerle a Francia una constitución. El desmoronamiento del absolutismo está en marcha y, el 14 de julio, la toma de la Bastilla se recuerda como el fin de la arbitrariedad real.

Preparando la primera Constitución francesa, la Asamblea redacta y adopta la Declaración de los Derechos del Hombre y del Ciudadano entre el 20 y el 26 de agosto de 1789. Se trata de un texto histórico fundamental compuesto por 17 artículos. Esta declaración se convertirá en el futuro en un verdadero modelo en materia de derechos humanos que servirá de inspiración a los distintos pueblos de Europa y del mundo entero. La Declaración de los Derechos del Hombre y del Ciudadano, que proclama los derechos naturales e imprescriptibles de cada individuo, pone fin a los privilegios al instaurar la igualdad de derechos ante la ley, la justicia y el impuesto, pero también la libertad de conciencia, de opinión, de pensamiento y el derecho a la propiedad. Esta proclamación de los derechos del hombre está en el origen de un gran número de democracias europeas y firma el fin del Antiguo Régimen.

Declaración de los Derechos del Hombre y del Ciudadano.

LA LENTA ADQUISICIÓN DE DERECHOS

La Declaración de 1789, que instaura derechos civiles y políticos, supone una verdadera revolución para su época.

Sin embargo, debido a la inestabilidad política reinante en Francia a principios del siglo XIX, estos serán burlados durante varios años: durante el Terror (10 de agosto-20 de septiembre de 1792 y 5 de septiembre de 1793-28 de julio de 1794), en la época napoleónica (el consulado de 1799-1804 y el Primer Imperio francés de 1804-1815), en la Restauración (1814-1815 y 1815-1830) y durante el Segundo Imperio francés (1852-1870). El surgimiento del capitalismo crea, además, nuevas desigualdades, como la explotación de los obreros o el trabajo infantil. Por su parte, el derecho de voto, adquirido con mucho esfuerzo, aún está lejos de ser universal en Europa. Asimismo, las mujeres, a las que les costará muchos años lograr la emancipación, están también totalmente sometidas a los hombres. Finalmente, la esclavitud, que sigue en vigor en numerosas zonas del mundo y, después, el colonialismo, siguen siendo un insulto al principio de igualdad. Frente a estas injusticias, el siglo XIX y el inicio del XX se presentan como el escenario de un combate continuo que busca profundizar los derechos del hombre, especialmente en el plano social.

El socialismo, cuyas raíces se encuentran en el siglo XVIII y sobre todo en las consecuencias sociales de la revolución industrial, se convierte en el siglo XIX en el motor de las reivindicaciones en materia de derechos. Su lucha por unas condiciones de alojamiento y de trabajo decentes, por un acceso a la educación para todos y por una mejor redistribución de las riquezas cosecha un gran éxito a partir de 1848, tras la publicación del *Manifiesto del Partido Comunista* de Karl Marx (teórico del socialismo y revolucionario alemán, 1818-1883). Pero sus ideas sobre la lucha de clases y la dictadura del proletariado también originarán el nacimiento de países autoritarios, como la URSS (1922) o China (1949).

En los siglos XIX y XX también se produce una progresiva mejora de las condiciones de trabajo. Entre ellas se destaca un aumento salarial y una reducción de la jornada laboral. En Francia surge el derecho de huelga en 1864, seguido 20 años más tarde por el derecho de sindicalización. El trabajo infantil se reglamenta poco a poco con limitaciones de edad (nueve años en 1833 en Inglaterra; ocho años en 1840 y doce en 1874 en Francia) y de la duración de la actividad. El desarrollo de la instrucción escolar a finales de siglo, su gratuidad y su obligatoriedad (en 1881-1882 en Francia) acaban por poner punto final a la explotación infantil en Europa. Asimismo, el derecho de voto a través del sufragio universal aparece en momentos distintos dependiendo del país: en Inglaterra, en 1867 para los hombres y en 1918 para las mujeres; en Francia, en 1848 para los hombres y en 1944 para las mujeres; en Bélgica, en 1918 para los hombres y en 1948 para las mujeres.

Además de estos derechos, el tema de la esclavitud sigue estando en el centro de las reivindicaciones. La esclavitud, herencia de los grandes descubrimientos, sigue sigue siendo una sombra que oscurece el horizonte de numerosos países que, sin embargo, preconizan la libertad entre los hombres. A finales del siglo XVIII nacen los movimientos abolicionistas. En Haití, el esclavo liberado Toussaint Louverture (1743-1803) dirige la revuelta de los esclavos que desemboca en la abolición de la esclavitud en todas las colonias francesas en 1794. Sin embargo, el régimen napoleónico dará marcha atrás, hasta el punto de que habrá que esperar hasta 1815 para que se prohíba la trata de esclavos y hasta 1848 para lograr la emancipación definitiva de las poblaciones esclavizadas. Inglaterra, avanzada a su tiempo, prohíbe la trata en 1807 y emancipa a sus esclavos en 1833. En otras regiones del mundo, la abolición de la esclavitud causa violentos conflictos. Destaca el caso de los Estados Unidos, donde este asunto empuja a la población a la guerra civil. Los Estados Unidos se encuentran divididos por esta problemática desde su nacimiento. Los Estados del Norte, progresistas y en vías de industrialización, siempre se han mostrado favorables a la abolición de la esclavitud y de hecho no han dudado en prohibirla en la práctica. Pero la situación es muy diferente en el Sur, donde las grandes explotaciones de algodón dirigidas a la exportación necesitan una mano de obra esclava para mantener sus beneficios. La elección del presidente abolicionista Abraham Lincoln (1809-1865) en 1860 no hace más que añadir leña al fuego y provoca la secesión de 11 Estados sudistas reunidos en una confederación. De abril de 1861 a abril de 1865, la Guerra de Secesión desgarra a los Estados Unidos y los americanos logran finalmente la libertad al precio de más de 600 000 muertos. Por supuesto, el fin de la esclavitud no pone punto final a la injusticia. La segregación racial y el colonialismo continúan causando estragos durante décadas de una punta a otra del planeta.

UNA NUEVA ESPERANZA: LA ONU Y LA UNIVERSALIZACIÓN DE LOS DERECHOS

Los derechos del hombre experimentan unos ciertos avances en Europa a partir de 1789. Estos progresos, sin embargo, se ponen en tela de juicio en dos ocasiones en menos de 50 años. Las dos guerras mundiales, que fueron combates encarnizados entre democracias y dictaduras, casi aniquilan las libertades obtenidas. Este es sobre todo el caso de la Segunda Guerra Mundial, durante la que la ideología racista y totalitaria de la Alemania nazi provoca la supresión de las libertades y el genocidio de todo un pueblo. Sin embargo, si bien las dictaduras son más fuertes a corto plazo, las democracias lo son, por su parte, a largo plazo, aunque a costa de muchas vidas. Tras estos dos traumáticos conflictos, el hombre, que acaba de inventar la bomba atómica, se da cuenta del alcance de su capacidad de destrucción. Sobre todo como prevención, se crea inmediatamente después de la Liberación la Organización de las Naciones Unidas.

La ONU, garante de la paz, quiere ser un ejemplo a seguir en materia de derechos humanos, tal como demuestra su Carta. El tercer párrafo del primer artículo enuncia los objetivos y los principios de la organización, y de hecho afirma querer «realizar la cooperación internacional solucionando los problemas internacionales de carácter económico, social, cultural o humanitario, y desarrollando y estimulando el respeto a los derechos humanos y a las libertades fundamentales de todos, sin hacer distinción por motivos de raza, sexo, idioma o religión». En esa época, lo importantes es determinar qué es lo que entendemos por «derechos humanos y libertades fundamentales». Con todo, en el seno de esta organización que reúne países con evoluciones y culturas diversas, la respuesta no es evidente. La tarea de definir los derechos humanos se le encarga de inmediato al Consejo Económico y Social de la ONU. El Consejo crea el 16 de febrero de 1946 la Comisión de Derechos Humanos, cuyo objetivo es redactar una nueva declaración de derechos.

Esta Comisión, compuesta por representantes de los 18 Estados miembro procedentes de todo el mundo, entra en funciones en diciembre de 1946 bajo la dirección de Eleanor Roosevelt. Entonces se inicia un laborioso trabajo de documentación para recopilar todo tipo de datos y de recomendaciones sobre el tema de los derechos humanos con la ayuda de otros órganos de la ONU, pero también de algunas ONG, como la Liga Internacional para los Derechos Humanos. Además, varios países hacen propuestas para la declaración que son exhaustivamente analizadas por la Comisión. El 24 de marzo de 1947, Eleanor Roosevelt pide por fin que se cree un Comité de Redacción, cuyos miembros son:

- Charles Dukes (1880-1948), representante de Reino Unido;
- René Cassin, representante de Francia;
- Eleanor Roosevelt, representante de los Estados Unidos y presidenta de la Comisión;
- William Hodgson (1892-1958), representante de Australia;
- Peng-chun Chang (1893-1957), representante de China y vicepresidente de la Comisión;
- Alexander Bogomolov (1900-1969), representante de la URSS;
- John Peter Humphrey (1905-1995), director de la División de Derechos Humanos de las Naciones Unidas;
- Charles Habib Malik (1906-1987), representante del Líbano, ponente del Comité;

- Hernán Santa Cruz (1906-1999), representante de Chile.

La redacción de la declaración es una ardua tarea, hasta el punto de que nacen diferentes grupos de trabajo. René Cassin se encarga de redactar un buen número de artículos de la futura declaración, lo que hace que esta tenga un innegable carácter occidental. A continuación, sus propuestas son analizadas, revisadas y enmendadas por el Comité de Redacción, y seguidamente por la Comisión en su conjunto. A partir de enero de 1948, estas también se le transmiten a los distintos gobiernos para que todos puedan dar su opinión. El 18 de junio, la Comisión se pone finalmente de acuerdo sobre un proyecto de Declaración.

LA LIBERTAD EN 30 ARTÍCULOS: LA DECLARACIÓN UNIVERSAL DE DERECHOS HUMANOS

El 10 de diciembre de 1948, el proyecto, que adopta el nombre de Declaración Universal de Derechos Humanos, se presenta finalmente ante la Asamblea General durante su 183.ª sesión plenaria: 48 Estados votan a favor, ninguno en contra, y 8, que se muestran en desacuerdo con algunos artículos sin cuestionar, no obstante, el principio de la declaración, se abstienen de votar (Bielorrusia, Checoslovaquia, Polonia, Arabia Saudita, Ucrania, Sudáfrica, la URSS y Yugoslavia). Se trata de un hecho histórico, ya que por primera vez una comunidad de Estados se pone de acuerdo y define una serie de derechos y de libertades reconocidos como inalienables para cada hombre, mujer y niño de la Tierra. Además, la Asamblea vota resoluciones en anexo sobre el derecho de petición, el derecho de las minorías y sobre la máxima difusión posible de la Declaración Universal. Como recuerdo a esta fecha, el 10 de diciembre se ha convertido en el Día Internacional de los Derechos Humanos.

Eleanor Roosevelt presenta el texto de la Declaración Universal de Derechos Humanos.

La Declaración Universal de Derechos Humanos es una formidable fuente de inspiración que sirve para defender las libertades y luchar contra las injusticias y la opresión. Está formada por un preámbulo seguido de un conjunto de 30 artículos, que definen los derechos y las libertades fundamentales de cada persona, independientemente de su nacionalidad, sexo, color, religión, lengua o cualquier otra especificación. En varios aspectos, la Declaración Universal se inspira y retoma elementos de la Declaración de 1789. Ella también supone un sabio compromiso entre las ideas liberales y las socialistas.

A los derechos obtenidos por las revueltas y las revoluciones inglesas y americanas, la Declaración añade los logros civiles y políticos de la Declaración de 1789, así como la mayor parte de los avances sociales del siglo XIX y de principios del XX. Así pues, nos encontramos con la libertad y la igualdad de los hombres, así como con su derecho a la vida, su libertad de opinión, de expresión, de pensamiento, de religión y de conciencia, o incluso su derecho a la propiedad, a una personalidad jurídica y a un *habeas corpus*. También se habla de la libertad de voto y de elegibilidad, además de reconocer el sufragio universal. Entre los derechos sociales y económicos se encuentran el derecho al trabajo, a la protección social por parte de los sindicatos, a la seguridad social, al descanso, al ocio, al bienestar y a la educación. Asimismo, está presente la libre circulación de las personas, el derecho a obtener asilo y a la nacionalidad. Finalmente, se prohíbe de forma definitiva la esclavitud y la tortura, incompatibles con el respeto a la dignidad humana. Así pues, la Declaración Universal resume varios siglos de reivindicaciones a favor de los derechos humanos. Sin embargo, en 1948 este texto no tiene ningún valor jurídico. Si bien cuenta con una importante fuerza moral y es aceptado por la comunidad internacional tras los horrores de la guerra, no es vinculante para los Estados. Por ello, la lucha por los derechos humanos aún no ha acabado.

REPERCUSIONES

LOS GUARDIANES DE LOS DERECHOS HUMANOS

Finalmente, dado que carece de valor jurídico, la Comisión de Derechos Humanos, que vela por el respeto de los derechos de todos en el mundo entero, no puede más que dar recomendaciones y no dispone de ningún poder de sanción. Por ello, continúa trabajando para crear un corpus jurídico y para codificar los Derechos Humanos. En 1966, sus esfuerzos se traducen en la redacción de dos pactos legalmente vinculantes para los Estados que los ratifiquen: por una parte, el Pacto Internacional de Derechos Civiles y, por la otra, el Pacto Internacional De Derechos Económicos, Sociales Y Culturales.

Así pues, estas dos grandes categorías de derechos, equilibradas en la Declaración Universal, se separan. Es decir, la firma de uno de estos pactos no implica necesariamente que haya que aceptar el otro. Esta división se debe principalmente al contexto de la Guerra Fría y a la dualidad entre las ideas liberales y sociales. Por ejemplo, el derecho a la propiedad se opone al de alojamiento. ¿Hay que expropiar a los grandes propietarios de tierras para darle alojamiento y tierras a todos o, por el contrario, hay que garantizar la propiedad de cada uno? De esta forma, el bloque del Oeste firma el primer pacto, mientras que el bloque del Este hace lo propio con el segundo.

Con todo, hay que esperar hasta el año 1976 para que ambos

pactos se lleven realmente a la práctica, tras la ratificación de al menos 35 Estados. Hoy en día, han entrado en vigor en la mayoría de los países del mundo (168 países para el primer pacto, 163 para el segundo). Con la Declaración Universal, los pactos forman la Carta Internacional de Derechos Humanos. Esta legislación cuenta a partir de ahora con fuerza de ley en los Estados que la han ratificado y, por ello, están obligados a aplicarla. Además, la Comisión (llamada Consejo de Derechos Humanos desde 2006) tiene a día de hoy el poder de tratar las violaciones de los derechos humanos y realiza cada año un informe sobre cada país. Con el tiempo, el corpus jurídico internacional se ha visto ampliado por una serie de convenciones, también vinculantes, sobre todo contra la discriminación racial (1966), contra la discriminación hacia la mujer (1976), contra la tortura y el trato inhumano (1984), por los derechos del niño (1989) o por los derechos de los discapacitados (2006). La evolución de los derechos, sin embargo, aún no ha acabado. Los próximos desafíos se encuentran, sin duda, en nuevas temáticas como el medioambiente o el subdesarrollo.

Dejando a un lado los aportes internacionales, los Derechos Humanos también se benefician de la protección de instancias regionales. Así pues, en 1950 nace el Consejo de Europa, que redacta el Convenio Europeo para la Protección de los Derechos Humanos y de las Libertades Fundamentales, que entra en vigor en 1953. Cualquier persona que haya visto atacados sus derechos puede recurrir al Convenio cuando todos los recursos internos de su país se hayan agotado. La Corte Europea de Derechos Humanos, creada en 1959 por el Convenio, se encarga, por su parte, de que se haga justicia en caso de litigio y de violación de los derechos humanos.

Finalmente, también hay que mencionar el destacado papel desempeñado por multitud de organizaciones no gubernamentales, cuyo número no cesa de aumentar tras la Declaración Universal. Algunas ONG, por supuesto, son anteriores a los Derechos Humanos, como la Liga de los Derechos del Hombre fundada en 1898. Son esenciales para mantener a las autoridades y a las poblaciones en alerta contra el no respeto de las libertades. Fundada en 1961, Amnistía Internacional es uno de los ejemplos emblemáticos de este deber de investigación, y redacta cada año un informe sobre el estado de los derechos y de las libertades en el mundo.

LA LUCHA CONTINÚA

Legalizados y protegidos, los Derechos Humanos se ven, sin embargo, amenazados constantemente por la barbarie y el despotismo de algunos. Por ejemplo, el año 1994 está grabado en la memoria colectiva como el de una terrible guerra civil en Ruanda, que enfrenta a las etnias tutsi y hutu y que causa el genocidio de unos 800 000 ruandeses, la mayoría tutsis, por el simple hecho de pertenecer a una determinada etnia. Un año más tarde, Europa conoce a su vez un acto de inaudita barbarie bajo la impotente mirada de los Cascos Azules de la ONU: la masacre de Srebrenica (Bosnia-Herzegovina) de casi 8000 hombres, mujeres y adolescentes bosnios por parte de las fuerzas armadas serbias debido a su pertenencia a la religión musulmana.

Además, algunos países son escenario de discriminaciones

y flagrantes atentados contra las libertades aun siendo miembros de la ONU e incluso, en algunos casos, del Consejo de Derechos Humanos. Por citar un caso, podemos destacar el de Arabia Saudita, rica en petróleo, que se permite burlar continuamente la Declaración Universal. Este país mantiene la esclavitud hasta 1962, y hoy en día continúa evitando la emancipación de las mujeres al colocarlas bajo la autoridad absoluta de los hombres y al prohibirles tener sus mismos derechos —el ejemplo más absurdo es que no pueden obtener el permiso de conducir o el derecho a la libre circulación. Sin embargo, debido a la importancia económica de este país, ningún Estado miembro de la ONU le sanciona realmente, para disgusto de las ONG.

Finalmente, ¿cómo ignorar las tragedias causadas por los movimientos terroristas y yihadistas de estos últimos años? Los atentados del 11 de septiembre de 2001, dirigidos por al-Qaeda, las masacres y los secuestros atribuidos al grupo terrorista Boko Haram en Nigeria, las ejecuciones arbitrarias de decenas de periodistas por parte del Estado Islámico o incluso los atentados perpetrados en París para destruir el periódico satírico Charlie Hebdo son atentados contra la libertad de expresión, contra la democracia y, asimismo, contra los Derechos Humanos, y las democracias deben lidiar con ellos a partir de ahora.

De esta forma, a pesar de que exista un reconocimiento internacional de los derechos humanos y de las libertades fundamentales, la lucha para que se respeten estos derechos obtenidos con tanto esfuerzo por millones de personas continúa. La Declaración Universal de Derechos Humanos no es perfecta, eso es cierto, pero sigue siendo una luz, un motor de esperanza e inspiración frente al rostro oscuro y cruel con que a veces se disfraza el mundo, porque «todos los seres humanos nacen libres e iguales en dignidad y derechos y, dotados como están de razón y conciencia, deben comportarse fraternalmente los unos con los otros» (artículo 1 de la *Declaración Universal de Derechos Humanos*).

EN RESUMEN

1215
Jun.: Juan sin Tierra se ve forzado a adoptar la Carta Magna

1628
La Petición de Derechos afirma el poder del Parlamento inglés frente al rey

1679
El Acto de Habeas Corpus garantiza un proceso judicial para todos los acusados en Inglaterra

1689
La *Bill of Rights* pone fin al absolutismo de los monarcas ingleses

1776
La Declaración de Independencia de los Estados Unidos consagra los derechos naturales del hombre

1789
Revolución francesa
Ag.: **Francia adopta la Declaración de los Derechos del Hombre y del Ciudadano**

1946
Se crea la Comisión de Derechos Humanos

1948
10 dic.: **se adopta la Declaración Universal de Derechos Humanos**

1966
Se redactan los dos pactos, que tienen fuerza de ley

- Aunque con lagunas e incompletos, a los hombres se les reconocen unos derechos desde la Antigüedad, como testimonia el Cilindro de arcilla de Ciro II el Grande realizado en el año 539 a. C., y que garantiza la libertad de culto y la libertad de los esclavos en el Imperio persa.

- En Europa, los derechos humanos nacen en Inglaterra. En el siglo XIII, el rey Juan sin Tierra se ve obligado a otorgarle a sus barones la Carta Magna, que limita la arbitrariedad real y que instaura un tipo de *habeas corpus*.

- El corpus jurídico inglés, siempre adelantado a su tiempo, se completa a continuación y se profundiza mediante una serie de textos, como la Petición de Derechos (1628), el Acta de Habeas Corpus (1679) y, sobre todo, la *Bill of Rights* (1689), que convierte a Inglaterra en una monarquía constitucional.

- Estas ideas innovadoras para la época no se aplican, sin embargo, en las colonias bajo dominio británico, lo que despierta entre los colonos un sentimiento de injusticia y una voluntad profunda de libertad. El 4 de julio de 1776, la Declaración de Independencia de los Estados Unidos sitúa la igualdad y la libertad a la cabeza de los derechos humanos. A continuación, es completada por la Constitución de 1787.

- En 1789, alimentada por las reflexiones de la Ilustración y por las ideas americanas, Francia experimenta, a su vez, una revolución cuyo objetivo es, simple y llanamente, acabar con el absolutismo. En agosto de 1789, la Asamblea Constituyente dota al país de una Declaración de los Derechos del Hombre y del Ciudadano, que otorga a cada individuo derechos naturales e imprescriptibles.

- A partir de esa fecha, la Declaración de 1789 se convierte en un modelo a seguir. La lucha por los derechos continúa, sin embargo, en el contexto de transformaciones socioeconómicas que experimenta la Europa del siglo XIX. La búsqueda continua de libertad e igualdad se une a partir de ahora a una lenta adquisición de los derechos sociales y económicos.

- El siglo XIX y los inicios del XX ven cómo se reconoce el derecho al trabajo, a la protección social, a la huelga, a la educación y muchos otros más. Se limita el trabajo infantil y a continuación se prohíbe por debajo de una determinada edad. Progresivamente, se consigue el voto mediante sufragio universal en los países democráticos. Finalmente, la esclavitud se abole en la mayor parte del mundo.

- Tras las guerras mundiales, la comunidad internacional decide crear la ONU para proteger la paz, pero también para garantizar los derechos humanos y las libertades fundamentales a escala internacional. En 1946, se crea la Comisión de Derechos Humanos con el fin de redactar una declaración.

- Después de varios meses de trabajo, el Comité de Redacción, dirigido por Eleanor Roosevelt y que depende mucho de la labor de René Cassin, redacta un proyecto de Declaración Universal de Derechos Humanos. Este último es sometido a voto y es aceptado por la Asamblea General de la ONU el 10 de diciembre de 1948.

- Dado que carece de valor jurídico, la Declaración Universal es completada por dos pactos internacionales y por una serie de convenciones a partir de 1966, con vistas a la creación de un corpus jurídico vinculante y respetado por todos.

EL TEXTO DE LA DECLARACIÓN UNIVERSAL DE DERECHOS HUMANOS

PREÁMBULO

Considerando que la libertad, la justicia y la paz en el mundo tienen por base el reconocimiento de la dignidad intrínseca y de los derechos iguales e inalienables de todos los miembros de la familia humana;

Considerando que el desconocimiento y el menosprecio de los derechos humanos han originado actos de barbarie ultrajantes para la conciencia de la humanidad, y que se ha proclamado, como la aspiración más elevada del hombre, el advenimiento de un mundo en que los seres humanos, liberados del temor y de la miseria, disfruten de la libertad de palabra y de la libertad de creencias;

Considerando esencial que los derechos humanos sean protegidos por un régimen de Derecho, a fin de que el hombre no se vea compelido al supremo recurso de la rebelión contra la tiranía y la opresión;

Considerando también esencial promover el desarrollo de relaciones amistosas entre las naciones;

Considerando que los pueblos de las Naciones Unidas han reafirmado en la Carta su fe en los derechos fundamentales del hombre, en la dignidad y el valor de la persona humana y en la igualdad de derechos de hombres y mujeres, y se han declarado resueltos a promover el progreso social y a elevar el nivel de vida dentro de un concepto más amplio de la libertad;

Considerando que los Estados Miembros se han comprometido a asegurar, en cooperación con la Organización de las Naciones Unidas, el respeto universal y efectivo a los derechos y libertades fundamentales del hombre, y

Considerando que una concepción común de estos derechos y libertades es de la mayor importancia para el pleno cumplimiento de dicho compromiso;

La Asamblea General proclama la presente Declaración Universal de Derechos Humanos como ideal común por el que todos los pueblos y naciones deben esforzarse, a fin de que tanto los individuos como las instituciones, inspirándose constantemente en ella, promuevan, mediante la enseñanza y la educación, el respeto a estos derechos y libertades, y aseguren, por medidas progresivas de carácter nacional e internacional, su reconocimiento y aplicación universales y efectivos, tanto entre los pueblos de los Estados Miembros como entre los de los territorios colocados bajo su jurisdicción.

ARTÍCULO 1.

Todos los seres humanos nacen libres e iguales en dignidad y derechos y, dotados como están de razón y conciencia, deben comportarse fraternalmente los unos con los otros.

ARTÍCULO 2.

Toda persona tiene todos los derechos y libertades proclamados en esta Declaración, sin distinción alguna de raza, color, sexo, idioma, religión, opinión política o de cualquier otra índole, origen nacional o social, posición económica, nacimiento o cualquier otra condición.

Además, no se hará distinción alguna fundada en la condición política, jurídica o internacional del país o territorio de cuya jurisdicción dependa una persona, tanto si se trata de un país independiente, como de un territorio bajo administración fiduciaria, no autónomo o sometido a cualquier otra limitación de soberanía.

ARTÍCULO 3.

Todo individuo tiene derecho a la vida, a la libertad y a la seguridad de su persona.

ARTÍCULO 4.

Nadie estará sometido a esclavitud ni a servidumbre, la esclavitud y la trata de esclavos están prohibidas en todas sus formas.

ARTÍCULO 5.

Nadie será sometido a torturas ni a penas o tratos crueles, inhumanos o degradantes.

ARTÍCULO 6.

Todo ser humano tiene derecho, en todas partes, al reconocimiento de su personalidad jurídica.

ARTÍCULO 7.

Todos son iguales ante la ley y tienen, sin distinción, derecho a igual protección de la ley. Todos tienen derecho a igual protección contra toda discriminación que infrinja esta Declaración y contra toda provocación a tal discriminación.

ARTÍCULO 8.

Toda persona tiene derecho a un recurso efectivo ante los tribunales nacionales competentes, que la ampare contra actos que violen sus derechos fundamentales reconocidos por la constitución o por la ley.

ARTÍCULO 9.

Nadie podrá ser arbitrariamente detenido, preso ni desterrado.

ARTÍCULO 10.

Toda persona tiene derecho, en condiciones de plena igualdad, a ser oída públicamente y con justicia por un tribunal independiente e imparcial, para la determinación de sus derechos y obligaciones o para el examen de cualquier acusación contra ella en materia penal.

ARTÍCULO 11.

1. Toda persona acusada de delito tiene derecho a que se presuma su inocencia mientras no se pruebe su culpabilidad, conforme a la ley y en juicio público en el que se le hayan asegurado todas las garantías necesarias para su defensa.

2. Nadie será condenado por actos u omisiones que en el momento de cometerse no fueron delictivos según el Derecho nacional o internacional. Tampoco se impondrá pena más grave que la aplicable en el momento de la comisión del delito.

ARTÍCULO 12.

Nadie será objeto de injerencias arbitrarias en su vida privada, su familia, su domicilio o su correspondencia, ni de ataques a su honra o a su reputación. Toda persona tiene derecho a la protección de la ley contra tales injerencias o ataques.

ARTÍCULO 13.

1. Toda persona tiene derecho a circular libremente y a elegir su residencia en el territorio de un Estado.

2. Toda persona tiene derecho a salir de cualquier país, incluso del propio, y a regresar a su país.

ARTÍCULO 14.

1. En caso de persecución, toda persona tiene derecho a

buscar asilo, y a disfrutar de él, en cualquier país.

2. Este derecho no podrá ser invocado contra una acción judicial realmente originada por delitos comunes o por actos opuestos a los propósitos y principios de las Naciones Unidas.

ARTÍCULO 15.

1. Toda persona tiene derecho a una nacionalidad.

2. A nadie se privará arbitrariamente de su nacionalidad ni del derecho a cambiar de nacionalidad.

ARTÍCULO 16.

1. Los hombres y las mujeres, a partir de la edad núbil, tienen derecho, sin restricción alguna por motivos de raza, nacionalidad o religión, a casarse y fundar una familia, y disfrutarán de iguales derechos en cuanto al matrimonio, durante el matrimonio y en caso de disolución del matrimonio.

2. Sólo mediante libre y pleno consentimiento de los futuros esposos podrá contraerse el matrimonio.

3. La familia es el elemento natural y fundamental de la sociedad y tiene derecho a la protección de la sociedad y del Estado.

ARTÍCULO 17.

1. Toda persona tiene derecho a la propiedad, individual y

colectivamente.

2. Nadie será privado arbitrariamente de su propiedad.

ARTÍCULO 18.

Toda persona tiene derecho a la libertad de pensamiento, de conciencia y de religión; este derecho incluye la libertad de cambiar de religión o de creencia, así como la libertad de manifestar su religión o su creencia, individual y colectivamente, tanto en público como en privado, por la enseñanza, la práctica, el culto y la observancia.

ARTÍCULO 19.

Todo individuo tiene derecho a la libertad de opinión y de expresión; este derecho incluye el de no ser molestado a causa de sus opiniones, el de investigar y recibir informaciones y opiniones, y el de difundirlas, sin limitación de fronteras, por cualquier medio de expresión.

ARTÍCULO 20.

1. Toda persona tiene derecho a la libertad de reunión y de asociación pacíficas.

2. Nadie podrá ser obligado a pertenecer a una asociación.

ARTÍCULO 21.

1. Toda persona tiene derecho a participar en el gobierno de su país, directamente o por medio de representantes

libremente escogidos.

2. Toda persona tiene el derecho de acceso, en condiciones de igualdad, a las funciones públicas de su país.

3. La voluntad del pueblo es la base de la autoridad del poder público; esta voluntad se expresará mediante elecciones auténticas que habrán de celebrarse periódicamente, por sufragio universal e igual y por voto secreto u otro procedimiento equivalente que garantice la libertad del voto.

ARTÍCULO 22.

Toda persona, como miembro de la sociedad, tiene derecho a la seguridad social, y a obtener, mediante el esfuerzo nacional y la cooperación internacional, habida cuenta de la organización y los recursos de cada Estado, la satisfacción de los derechos económicos, sociales y culturales, indispensables a su dignidad y al libre desarrollo de su personalidad.

ARTÍCULO 23.

1. Toda persona tiene derecho al trabajo, a la libre elección de su trabajo, a condiciones equitativas y satisfactorias de trabajo y a la protección contra el desempleo.

2. Toda persona tiene derecho, sin discriminación alguna, a igual salario por trabajo igual.

3. Toda persona que trabaja tiene derecho a una remuneración equitativa y satisfactoria, que le asegure, así como a su familia, una existencia conforme a la dignidad humana

y que será completada, en caso necesario, por cualesquiera otros medios de protección social.

4. Toda persona tiene derecho a fundar sindicatos y a sindicarse para la defensa de sus intereses.

ARTÍCULO 24.

Toda persona tiene derecho al descanso, al disfrute del tiempo libre, a una limitación razonable de la duración del trabajo y a vacaciones periódicas pagadas.

ARTÍCULO 25.

1. Toda persona tiene derecho a un nivel de vida adecuado que le asegure, así como a su familia, la salud y el bienestar, y en especial la alimentación, el vestido, la vivienda, la asistencia médica y los servicios sociales necesarios; tiene asimismo derecho a los seguros en caso de desempleo, enfermedad, invalidez, viudez, vejez u otros casos de pérdida de sus medios de subsistencia por circunstancias independientes de su voluntad.

2. La maternidad y la infancia tienen derecho a cuidados y asistencia especiales. Todos los niños, nacidos de matrimonio o fuera de matrimonio, tienen derecho a igual protección social.

ARTÍCULO 26.

1. Toda persona tiene derecho a la educación. La educación debe ser gratuita, al menos en lo concerniente a la instruc-

ción elemental y fundamental. La instrucción elemental será obligatoria. La instrucción técnica y profesional habrá de ser generalizada; el acceso a los estudios superiores será igual para todos, en función de los méritos respectivos.

2. La educación tendrá por objeto el pleno desarrollo de la personalidad humana y el fortalecimiento del respeto a los derechos humanos y a las libertades fundamentales; favorecerá la comprensión, la tolerancia y la amistad entre todas las naciones y todos los grupos étnicos o religiosos, y promoverá el desarrollo de las actividades de las Naciones Unidas para el mantenimiento de la paz.

3. Los padres tendrán derecho preferente a escoger el tipo de educación que habrá de darse a sus hijos.

ARTÍCULO 27.

1. Toda persona tiene derecho a tomar parte libremente en la vida cultural de la comunidad, a gozar de las artes y a participar en el progreso científico y en los beneficios que de él resulten.

2. Toda persona tiene derecho a la protección de los intereses morales y materiales que le correspondan por razón de las producciones científicas, literarias o artísticas de que sea autora.

ARTÍCULO 28.

Toda persona tiene derecho a que se establezca un orden social e internacional en el que los derechos y libertades proclamados en esta Declaración se hagan plenamente efectivos.

ARTÍCULO 29.

1. Toda persona tiene deberes respecto a la comunidad, puesto que sólo en ella puede desarrollar libre y plenamente su personalidad.

2. En el ejercicio de sus derechos y en el disfrute de sus libertades, toda persona estará solamente sujeta a las limitaciones establecidas por la ley con el único fin de asegurar el reconocimiento y el respeto de los derechos y libertades de los demás, y de satisfacer las justas exigencias de la moral, del orden público y del bienestar general en una sociedad democrática.

3. Estos derechos y libertades no podrán, en ningún caso, ser ejercidos en oposición a los propósitos y principios de las Naciones Unidas.

ARTÍCULO 30.

Nada en esta Declaración podrá interpretarse en el sentido de que confiere derecho alguno al Estado, a un grupo o a una persona, para emprender y desarrollar actividades o realizar actos tendientes a la supresión de cualquiera de los derechos y libertades proclamados en esta Declaración.

PARA IR MÁS ALLÁ

FUENTES BIBLIOGRÁFICAS

- Agi, Marc. 1979. *René Cassin, fantassin des Droits de l'homme*. París: Plon.
- Bercis, Pierre. 1993. *Guide des droits de l'homme. La conquête des libertés*. París: Hachette.
- Bertrand, Maurice. 2006. *L'ONU*. París: La Découverte.
- Conac, Gérard, Marc Debene y Gérard Teboul. 1993. *La Déclaration des droits de l'homme et du citoyen de 1789. Histoire, analyse et commentaires*. París: Economica.
- de Robien, Beata, *Les passions d'une présidente: Eleanor Roosevelt*, París, Perrin, 2000.
- Nations Unies, "Déclaration universelle des droits de l'homme". Consultado el 10 de febrero de 2015. http://www.un.org/fr/documents/udhr/#a23
- Naciones Unidas, "Declaración Universal de Derechos Humanos". Consultado el 11 de mayo de 2016. http://www.un.org/es/documents/udhr/index_print.shtml
- Halpérin, Jean-Louis. 2005. *Histoire des droits en Europe de 1750 à nos jours*. París: Flammarion.
- Oberdorff, Henri. 2011. *Droits de l'homme et libertés fondamentales*. París: Librairie générale de droit et de jurisprudence.
- Verdoodt, Albert. 1964. *Naissance et signification de la Déclaration universelle des droits de l'homme*. Lovaina: Société d'étude morales, sociales et juridiques.

FUENTES COMPLEMENTARIAS

- Hennette-Vauchez Stéphanie y Diane Roman. 2013. *Droits de l'homme et libertés fondamentales*. París: Dalloz.
- "La révolution industrielle et l'apparition du grand capitalisme". 2007. *Histoire universelle. Le XIXe siècle en Europe et en Amérique du Nord*, tomo 17, 88-160. París: Hachette.
- "Lutte parlementaire entre socialisme et capitalisme". 2007. *Histoire universelle. Les guerres mondiales*, tomo 19, 1-50. París: Hachette.
- Rouvillois, Frederic. 2009. *Les déclarations des droits de l'homme*. París: Flammarion.
- Vincensini, Jean-Jacques. 1985. *Le livre des droits de l'homme. Histoire et textes. De la Grande Charte (1215) aux plus récents pactes internationaux*. París: Laffont.

FUENTES ICONOGRÁFICAS

- Asesinato del archiduque Francisco Fernando. © *Le Petit Journal*.
- Prisioneros judíos fotografiados durante la liberación del campo de Buchenwald, el 16 de abril de 1945. © H. Miller.
- Fotografía de Eleanor Roosevelt de 1933. La imagen reproducida está libre de derechos.
- Copia de la Carta Magna. La imagen reproducida está libre de derechos.
- *La Declaración de Independencia*, cuadro de John Trumbull, 1817-1819.
- Declaración de los Derechos del Hombre y del

Ciudadano. La imagen reproducida está libre de
derechos.
- Eleanor Roosevelt presenta el texto de la Declaración
Universal de Derechos Humanos. La imagen reproducida
está libre de derechos.

PELÍCULAS Y DOCUMENTALES

- *Les Droits de l'homme sont-ils universels?* Francia: KTO,
2008.
- *Les Droits de l'homme. Qu'est-ce que c'est?* Francia:
United for Human Rights, 2009.
- *Square. Les Droits de l'homme, à quoi ça sert?* Francia y
Alemania: Arte, 2014.
- Festival International du Film des Droits de l'Homme
de Paris. Consultado el 11 de mayo de 2016. http://www.
festival-droitsdelhomme.org/París/
Películas presentadas en el Festival Internacional de
Cine por los Derechos Humanos de París.

MUSEOS Y MONUMENTOS CONMEMORATIVOS

- El Canadian Tribute to Human Rights, en Ottawa,
Canadá.
- El monumento a los Derechos Humanos en el jardín del
Campo de Marte, en París, Francia.
- El museo canadiense de los Derechos Humanos en
Winnipeg, Canadá.
- La sede de las Naciones Unidas en Nueva York, Estados
Unidos.

- La sede del Consejo de Derechos Humanos de las Naciones Unidas en Ginebra, Suiza.
- El International Slavery Museum en Liverpool, Inglaterra.

¡APRENDER NUNCA ANTES FUE TAN RÁPIDO!

www.en50minutos.es

www.en50Minutos.es

ISBN ebook: 9782806277800

ISBN papel: 9782806281500

Depósito legal: D/2016/12603/206

Libro realizado por Primento, *el socio digital de los editores*